超訳《ちょうやく》！

こども名著塾《めいちょじゅく》 1

あの古典《こてん》のことばがよくわかる！

〈論語《ろんご》〉孔子《こうし》

〈老子《ろうし》〉老子《ろうし》

学《まな》ぶってたのしいよ！
しなやかに生《い》きてみよう！

日本図書センター

はじめに

世界《せかい》にはたくさんの本《ほん》があります。そのなかでも、とくに多《おお》くの人《ひと》に読《よ》まれ、国《くに》や時代《じだい》をこえて、現在《げんざい》でも多《おお》くの人々《ひとびと》のこころをはげまし続《つづ》けている本《ほん》があります。このような本《ほん》を「名著《めいちょ》」といいます。名著《めいちょ》は、いってみれば世界《せかい》の人々《ひとびと》にとって共通《きょうつう》の財産《ざいさん》のようなものです。

わたしたちも、そんな名著《めいちょ》のことばから、生《い》きるためのヒントや勇気《ゆうき》をたくさんもらいました。そして考《かんが》えました。「そのなかには、いつか世《よ》の中《なか》に出《で》て行《い》くみなさんに役立《やくだ》つことばもきっとあるはず！」―この『超訳《ちょうやく》！こども名著塾《めいちょじゅく》』は、そんな思《おも》いでつくった本《ほん》です。

ここにおさめた10の名著《めいちょ》は、日本《にほん》と世界《せかい》のたくさんの名著《めいちょ》から、みなさんにとくに知《し》ってもらいたいものを選《えら》んでいます。そして、それらの名著《めいちょ》から全部《ぜんぶ》で100のことばを選《えら》び、わかりやすい「超訳《ちょうやく》」で紹介《しょうかい》しています。

落《お》ち込《こ》んでいるとき、悩《なや》んでいるとき、新《あたら》しい世界《せかい》に踏《ふ》み出《だ》そうとしているとき……。みなさんが人生《じんせい》で出会《であ》うさまざまな場面《ばめん》で、この本《ほん》から、こころを前向《まえむ》きにしてくれることばを見《み》つけてくれたらと願《ねが》っています。

「超訳《ちょうやく》！こども名著塾《めいちょじゅく》」編集委員会《へんしゅういいんかい》

この本《ほん》の読《よ》み方《かた》

『論語《ろんご》』と『老子《ろうし》』には、さまざまな場面《ばめん》で、きみがどのように考《かんが》え、
どのように行動《こうどう》すべきかのヒントが、たくさんつまっているよ。
ぜひくり返《かえ》し読《よ》んで、学《まな》ぶたのしさや、しなやかな生《い》き方《かた》を身《み》につけよう。

作者《さくしゃ》のアドバイス
きみにおぼえておいてほしいポイントだよ。

超訳《ちょうやく》
ことばをわかりやすく説明《せつめい》したよ。ユニークなイラストと一緒《いっしょ》なら、ことばの理解《りかい》が深《ふか》まるはず。

役立《やくだ》つ場面《ばめん》
紹介《しょうかい》することばが役立《やくだ》つきみの状況《じょうきょう》や気《き》もちを紹《しょう》介《かい》しているよ。

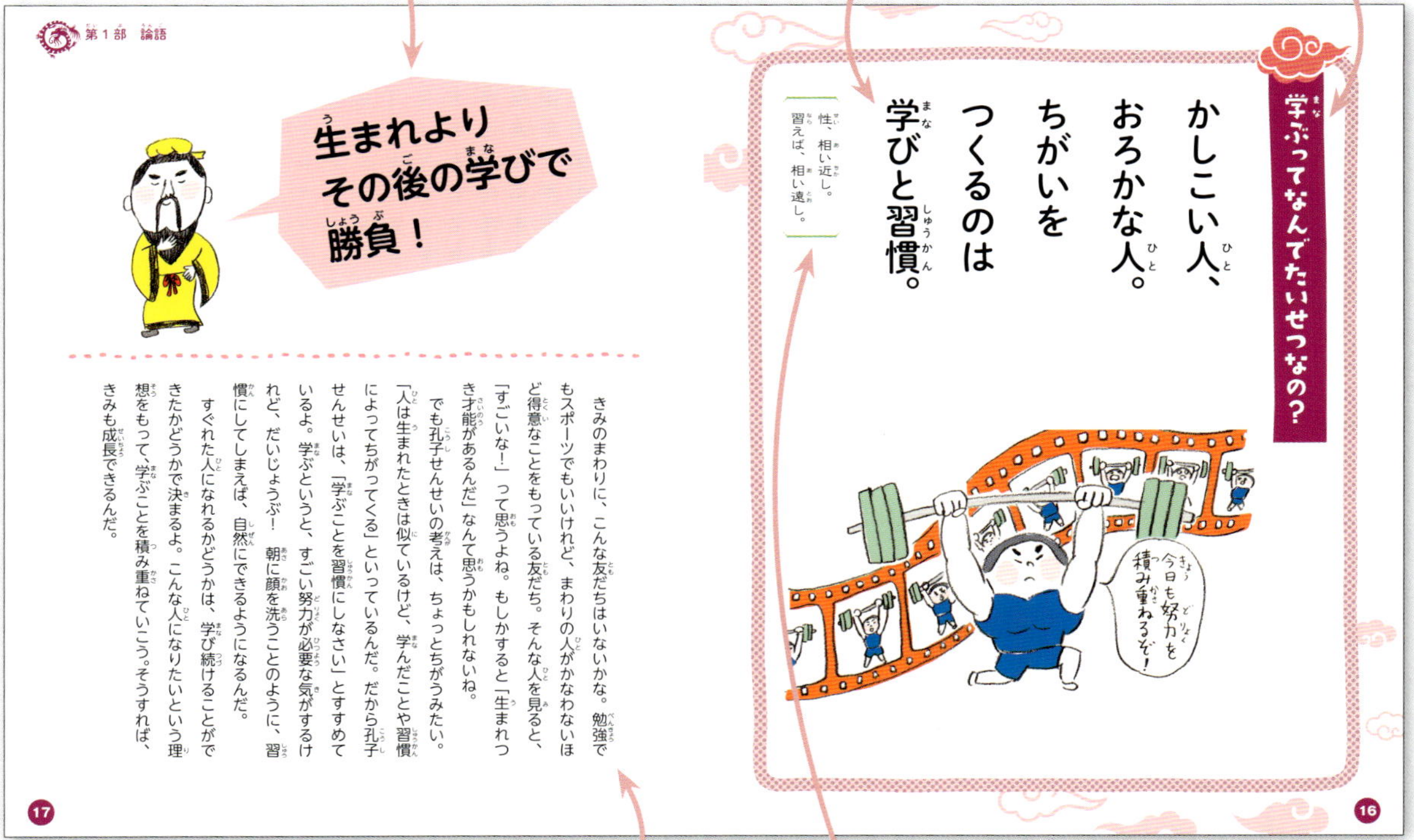

第1部　論語
学《まな》ぶってなんでたいせつなの？

かしこい人《ひと》、おろかな人《ひと》。ちがいをつくるのは学《まな》びと習慣《しゅうかん》。

性《せい》、相《あい》近《ちか》し。

習《なら》えば、相《あい》遠《とお》し。

今日《きょう》も努力《どりょく》を積《つ》み重《かさ》ねるぞ！

生《う》まれより その後《ご》の学《まな》びで 勝負《しょうぶ》！

きみのまわりに、こんな友《とも》だちはいないかな。勉強《べんきょう》でもスポーツでもいいけれど、まわりの人《ひと》がかなわないほど得意《とくい》なことをもっている友《とも》だち。そんな人《ひと》を見《み》ると、「すごいな！」って思《おも》うよね。もしかすると「生《う》まれつき才能《さいのう》があるんだ」なんて思《おも》うかもしれないね。

でも孔子《こうし》せんせいの考《かんが》えは、ちょっとちがうみたい。「人《ひと》は生《う》まれたときは似《に》ているけど、学《まな》んだことや習慣《しゅうかん》によってちがってくる」といっているんだ。だから孔子《こうし》せんせいは、「学《まな》ぶことを習慣《しゅうかん》にしなさい」とすすめているよ。学《まな》ぶというと、すごい努力《どりょく》が必要《ひつよう》な気《き》がするけれど、だいじょうぶ！　朝《あさ》に顔《かお》を洗《あら》うことのように、習《しゅう》慣《かん》にしてしまえば、自然《しぜん》にできるようになるんだ。

すぐれた人《ひと》になれるかどうかは、学《まな》び続《つづ》けることができたかどうかで決《き》まるよ。こんな人《ひと》になりたいという理《り》想《そう》をもって、学《まな》ぶことを積《つ》み重《かさ》ねていこう。そうすれば、きみも成長《せいちょう》できるんだ。

16
17

くわしい解説《かいせつ》
身近《みぢか》な出来事《できごと》などを例《れい》にしながら、ことばがどんなふうに役立《やくだ》つかを解説《かいせつ》しているよ。むずかしい場合《ばあい》はおとなの人《ひと》に聞《き》いてみよう。

書《か》き下《くだ》し文《ぶん》
もとの本《ほん》のことばを日本語《にほんご》に書《か》き変《か》えた書《か》き下《くだ》し文《ぶん》だよ。声《こえ》に出《だ》して読《よ》んでみよう。

もくじ

第《だい》2部《ぶ》

老子《ろうし》

―しなやかに生《い》きてみよう！

第《だい》1部《ぶ》

論《ろん》語《ご》

孔子《こうし》

学《まな》ぶってたのしいよ！

2500年《ねん》ぐらい前《まえ》の中国《ちゅうごく》で、
孔子《こうし》は、学《まな》んで自分《じぶん》を成長《せいちょう》させ
よりよく生《い》きようと語《かた》り続《つづ》けたよ。
そのことばは『論語《ろんご》』にまとめられ、
たくさんの人《ひと》の生《い》きる支《ささ》えになったんだ。
きみも、孔子《こうし》せんせいから、
学《まな》ぶことのたいせつさとたのしさを
教《おし》えてもらおう！

『論語《ろんご》』ってどんな本《ほん》？

人《ひと》としての生《い》き方《かた》を教《おし》えてくれる本《ほん》だよ

『論語《ろんご》』は、いまから2500年《ねん》ほど前《まえ》の中国《ちゅうごく》で活躍《かつやく》した、孔子《こうし》という人《ひと》のことばをまとめた本《ほん》。孔子《こうし》が書《か》いたものではなくて、弟子《でし》や孫弟子《まごでし》たちが年月《ねんげつ》をかけてまとめたものなんだ。いまの内容《ないよう》になったのは孔子《こうし》が亡《な》くなってから数百年後《すうひゃくねんご》だよ。

孔子《こうし》は、おおぜいの弟子《でし》に、学《まな》んで自分《じぶん》を成長《せいちょう》させ、よりよく生《い》きようと語《かた》り続《つづ》けたよ。そのことばである『論語《ろんご》』は、中国《ちゅうごく》や日本《にほん》で、人《ひと》としての生《い》き方《かた》や社会《しゃかい》のルールを教《おし》えてくれる書物《しょもつ》として、とてもたいせつにされてきたんだ。

日本《にほん》には5世紀《せいき》ごろ、朝鮮半島《ちょうせんはんとう》から伝《つた》わったよ。それから1500年《ねん》以上《いじょう》たったいまでも、多《おお》くの人《ひと》に親《した》しまれている本《ほん》なんだ。

人生《じんせい》で1番《ばん》だいじなのはじゃな……

弟子《でし》に直接《ちょくせつ》、語《かた》りかけたことばなんだ

『論語《ろんご》』には、全部《ぜんぶ》で512の短《みじか》い文章《ぶんしょう》がまとめられているよ。それらは、弟子《でし》たちに直接《ちょくせつ》、語《かた》りかけたことばなんだ。ある日《ひ》、弟子《でし》から「教《おそ》わったことをすぐ実行《じっこう》したほうがいいでしょうか」と聞《き》かれた孔子《こうし》は、「ほかの人《ひと》に相談《そうだん》してから決《き》めなさい」と答《こた》え、ちがう弟子《でし》から同《おな》じ質問《しつもん》をされたときは「すぐ実行《じっこう》しなさい」と答《こた》えたよ。突《つ》き進《すす》む性格《せいかく》の弟子《でし》には慎重《しんちょう》に、消極的《しょうきょくてき》な性格《せいかく》の弟子《でし》には積極的《せっきょくてき》になるようにアドバイスしていたんだね。

孔子《こうし》は、さまざまな性格《せいかく》の弟子《でし》たち1人《ひと》ひとりに合《あ》わせて、自分《じぶん》の考《かんが》えを語《かた》っているよ。だから『論語《ろんご》』は、現代《げんだい》のわたしたちが読《よ》んでも、必《かなら》ずこころにひびくことばが見《み》つかる本《ほん》なんだ。

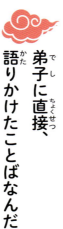

『孔子《こうし》』ってどんな人《ひと》？

身分《みぶん》は低《ひく》かったけれど、努力《どりょく》して学者《がくしゃ》になったよ

孔子《こうし》は紀元前《きげんぜん》552年《ねん》に、現在《げんざい》の中国《ちゅうごく》の山《さん》東省《とうしょう》にあった魯《ろ》という国《くに》で生《う》まれたんだ。本《ほん》名《みょう》は、孔丘《こうきゅう》というよ。孔《こう》が名字《みょうじ》で、丘《きゅう》は名《な》前《まえ》。子《し》はせんせいという意味《いみ》だから、「孔子《こうし》」は「孔《こう》せんせい」ということになるね。

少年時代《しょうねんじだい》の孔子《こうし》は、読《よ》み書《か》きなど簡単《かんたん》な教《きょう》育《いく》を受《う》けただけだよ。当時《とうじ》の貴族《きぞく》のこどもたちは、ふつう家庭教師《かていきょうし》から教《おそ》わっていたけれど、孔子《こうし》はそれができなかったんだ。けれど、15歳《さい》のときに自分《じぶん》で勉強《べんきょう》しようと決心《けっしん》し、努力《どりょく》によって、30歳《さい》になるころには、塾《じゅく》を開《ひら》くほどになったんだ。

そんな孔子《こうし》の塾《じゅく》は、どんな身分《みぶん》の人《ひと》でも、入門料《にゅうもんりょう》を払《はら》えば入《はい》ることができたよ。

理想《りそう》の政治《せいじ》を目指《めざ》して行動《こうどう》したんだ

政治家《せいじか》になって世《よ》の中《なか》をよくしたいという願《ねが》いをもっていた孔子《こうし》。52歳《さい》で魯《ろ》の王様《おうさま》から国務大臣《こくむだいじん》にあたる仕事《しごと》を任《まか》されたけれど、魯《ろ》の国《くに》に古《ふる》くから仕《つか》える家臣《かしん》に邪魔《じゃま》されて、3年《ねん》ほどで魯《ろ》を去《さ》ることになったんだ。

でも孔子《こうし》はくじけず、政治家《せいじか》として活躍《かつやく》できる国《くに》を求《もと》めて弟子《でし》たちと旅《たび》に出《で》たよ。旅《たび》のあいだ歓迎《かんげい》してくれた国《くに》もあったけれど、正《ただ》しいことを主張《しゅちょう》する孔子《こうし》をよく思《おも》わない人《ひと》もいて、政治家《せいじか》としては成功《せいこう》しなかったんだ。

十数年間《じゅうすうねんかん》にわたる長《なが》い旅《たび》を終《お》えると、孔子《こうし》は69歳《さい》で魯《ろ》の国《くに》に戻《もど》った。そして自分《じぶん》の人生《じんせい》で得《え》たものを多《おお》くの人《ひと》たちに伝《つた》えるため、ふたたび塾《じゅく》を開《ひら》き、74歳《さい》で亡《な》くなったよ。

『孔子《こうし》』が生《い》きた時代《じだい》

小《ちい》さな国々《くにぐに》が豊《ゆた》かになろうと競《きそ》い合《あ》っていたよ

孔子《こうし》が生《う》まれた紀元前《きげんぜん》５５２年《ねん》（ほかの年《とし》という説《せつ》もある）ごろは、中国《ちゅうごく》には小《ちい》さな国《くに》がたくさんあって、豊《ゆた》かになろうとお互《たが》いに競《きそ》い合《あ》っていたんだ。孔子《こうし》が生《う》まれた魯《ろ》の国《くに》も、そうした国《くに》の１つ。小《ちい》さな国々《くにぐに》は、国《くに》を発展《はってん》させるために優秀《ゆうしゅう》な人《ひと》を集《あつ》めて、政治《せいじ》のやり方《かた》を新《あたら》しいものにしようとしていたんだ。

孔子《こうし》も、魯《ろ》の国《くに》を立派《りっぱ》にするためにがんばったよ。でも、やり方《かた》はほかの人《ひと》とちがっていた。孔《こう》子《し》は、人間《にんげん》として立派《りっぱ》な人《ひと》がふえれば、国《くに》もよくなると考《かんが》えて、１人《ひとり》ひとりのこころを問題《もんだい》にしたよ。人々《ひとびと》のこころをだいじにするというのは、当時《とうじ》としては、とても新《あたら》しい考《かんが》え方《かた》だったんだ。

さまざまな考《かんが》え方《かた》が出《で》てきた時代《じだい》なんだ

そのころの中国《ちゅうごく》では、社会《しゃかい》を変《か》えたいと思《おも》う人《ひと》たちが、さまざまな考《かんが》えを発表《はっぴょう》したよ。たとえば「孫子《そんし》の兵法《へいほう》」で有名《ゆうめい》な孫子《そんし》は、戦《たたか》い方《かた》を通《とお》して、人《ひと》はどう行動《こうどう》するべきかを説《と》いた。老子《ろうし》は、思《おも》い込《こ》みやこだわりを捨《す》てた、自然《しぜん》でしなやかな生《い》き方《かた》をすすめた。こうした思想家《しそうか》を「諸子百《しょしひゃっ》家《か》」というんだ。孔子《こうし》もその１人《ひとり》だよ。

孔子《こうし》が生《い》きた時代《じだい》は、「春秋時代《しゅんじゅうじだい》」と呼《よ》ばれているよ。これは、孔子《こうし》がまとめた魯《ろ》の歴史書《れきししょ》『春《しゅん》秋《じゅう》』の題名《だいめい》をもとにしているんだ。発展《はってん》を競《きそ》い合《あ》っていた国々《くにぐに》は、やがて武力《ぶりょく》ではげしく争《あらそ》うようになり、「戦国時代《せんごくじだい》」と呼《よ》ばれる時代《じだい》になる。両方《りょうほう》を合《あ》わせて「春秋戦国時代《しゅんじゅうせんごくじだい》」ともいうよ。

つぎのページからことばの紹介《しょうかい》がはじまるよ。

学《まな》ぶってなんでたいせつなの？

かしこい人《ひと》、
おろかな人《ひと》。
ちがいを
つくるのは
学《まな》びと習慣《しゅうかん》。

性《せい》、相《あ》い近《ちか》し。
習《なら》えば、相《あ》い遠《とお》し。

生《う》まれより その後《ご》の学《まな》びで 勝負《しょうぶ》！

きみのまわりに、こんな友《とも》だちはいないかな。勉強《べんきょう》でもスポーツでもいいけれど、まわりの人《ひと》がかなわないほど得意《とくい》なことをもっている友《とも》だち。そんな人《ひと》を見《み》ると、「すごいな！」って思《おも》うよね。もしかすると「生《う》まれつき才能《さいのう》があるんだ」なんて思《おも》うかもしれないね。

でも孔子《こうし》せんせいの考《かんが》えは、ちょっとちがうみたい。「人《ひと》は生《う》まれたときは似《に》ているけど、学《まな》んだことや習慣《しゅうかん》によってちがってくる」といっているんだ。だから孔子《こうし》せんせいは、「学《まな》ぶことを習慣《しゅうかん》にしなさい」とすすめているよ。学《まな》ぶというと、すごい努力《どりょく》が必要《ひつよう》な気《き》がするけれど、だいじょうぶ！　朝《あさ》に顔《かお》を洗《あら》うことのように、習慣《しゅうかん》にしてしまえば、自然《しぜん》にできるようになるんだ。

すぐれた人《ひと》になれるかどうかは、学《まな》び続《つづ》けることができたかどうかで決《き》まるよ。こんな人《ひと》になりたいという理《り》想《そう》をもって、学《まな》ぶことを積《つ》み重《かさ》ねていこう。そうすれば、きみも成長《せいちょう》できるんだ。

理想《りそう》の学《まな》び方《かた》って？

本《ほん》や先生《せんせい》から教《おそ》わるだけ。
自分《じぶん》の頭《あたま》で考《かんが》えるだけ。
どちらか片方《かたほう》だけでは
ほんとうの力《ちから》にならないよ。

学《まな》んで思《おも》わざれば則《すなわ》ち罔《くら》し。
思《おも》うて学《まな》ばざれば則《すなわ》ち殆《あや》うし。

「教《おそ》わる」と「考《かんが》える」の両方《りょうほう》をこころがけよう！

孔子《こうし》せんせいは、学《まな》んで自分《じぶん》を成長《せいちょう》させることがだいじだといっているよ。孔子《こうし》せんせいによれば、学《まな》び方《かた》にはコツがあって、「教《おそ》わること」と「自分《じぶん》で考《かんが》えること」の両方《りょうほう》をたいせつにするのがいいんだって。

新《あたら》しいことを教《おそ》わるというのはだいじなこと。いままで自分《じぶん》になかった知識《ちしき》がふえていくからね。でも教《おそ》わっただけでは、ほんとうに学《まな》んだことにはならないよ。自《じ》分《ぶん》の経験《けいけん》とくらべて考《かんが》えてみないと、せっかく教《おそ》わったことが自分《じぶん》のものにならないんだ。

自分《じぶん》で考《かんが》えるだけなのも不十分《ふじゅうぶん》だよ。なぜなら自分《じぶん》の考《かんが》えが正《ただ》しいかどうかは、自分《じぶん》ではわからないこともあるからね。自分《じぶん》の考《かんが》えで決《き》めつけてしまう前《まえ》に、先生《せんせい》から教《おそ》わったり、本《ほん》で調《しら》べたりして、自分《じぶん》の考《かんが》えが正《ただ》しいかどうかをチェックすることもたいせつなんだ。

「教《おそ》わること」と「自分《じぶん》で考《かんが》えること」、両方《りょうほう》がそろってはじめて、ほんとうに学《まな》んだことになるんだよ。

だれに学《まな》べばいいの？

三人《さんにん》いれば、
そのなかに必《かなら》ず
先生《せんせい》がいるもの。
どんな人《ひと》からだって、
学《まな》べることはあるよ。

我《わ》れ三人《さんにん》行《おこ》なえば必《かな》らず我《わ》が師《し》を得《う》。
其《そ》の善《よ》き者《もの》を択《えら》びてこれに従《したが》う。
其《そ》の善《よ》からざる者《もの》にしてこれを改《あらた》む。

このなかのだれかが先生《せんせい》？

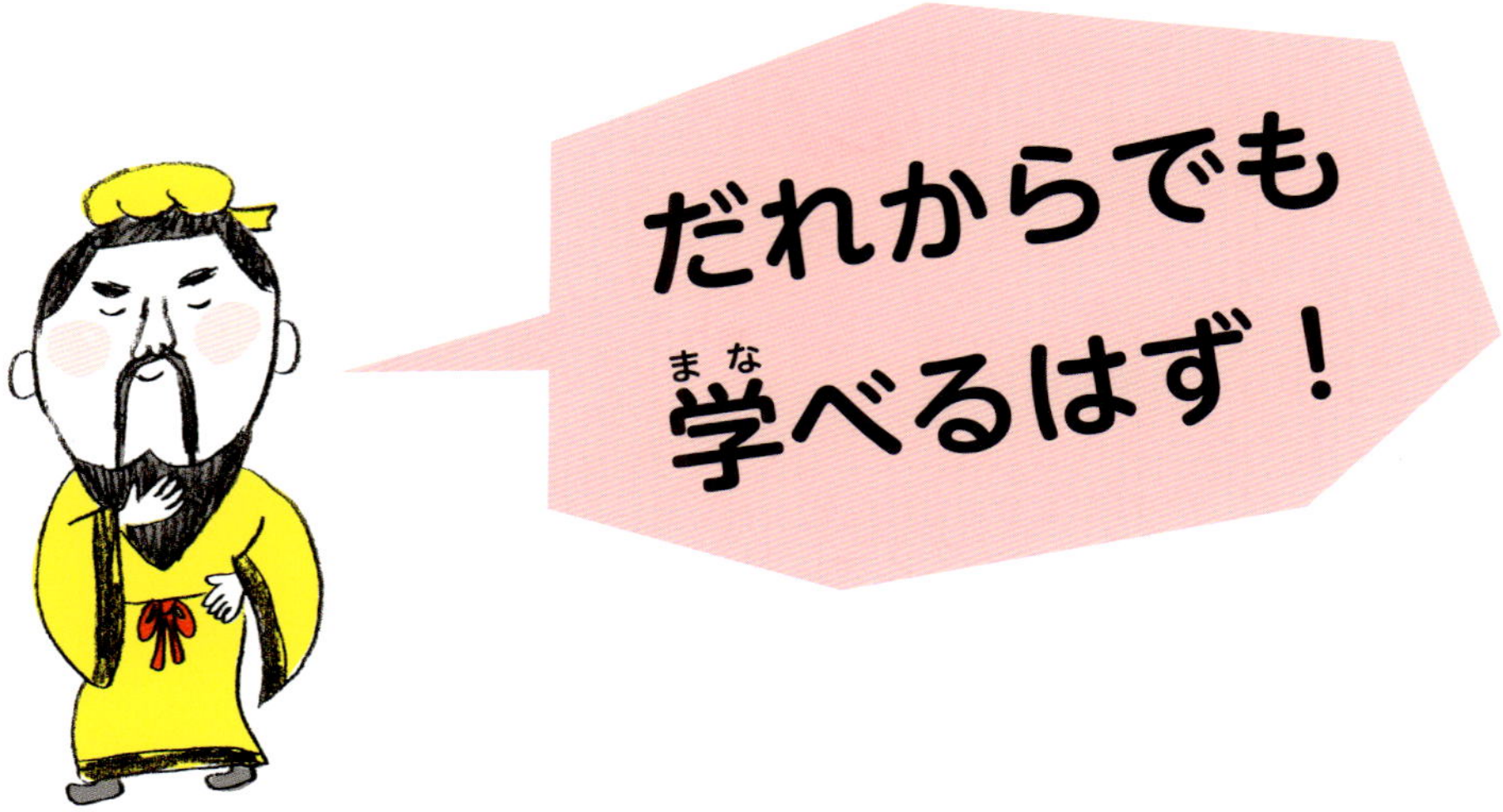

孔子《こうし》せんせいは、「学《まな》ぶことがだいじ」っていうけれど、いったいだれに学《まな》べばいいのかな？　きみは、「学《まな》ぶとなると、やっぱり学校《がっこう》の先生《せんせい》！」「でも、学校《がっこう》にいないときはどうするの？」と思《おも》うかもしれない。きみが学《まな》ぶことができる先生《せんせい》は、じつはほかにもいるんだ。

孔子《こうし》せんせいは、「三人《さんにん》で行動《こうどう》すれば自分《じぶん》のお手本《てほん》になる人《ひと》を必《かなら》ず見《み》つけられる」といっているよ。これは、よい人《ひと》でもそうでない人《ひと》でも、どんな人《ひと》からだって、きみは学《まな》ぶことができるという意味《いみ》。よい人《ひと》からはよい部《ぶ》分《ぶん》をしっかり学《まな》ぶ。逆《ぎゃく》に、見習《みなら》いたくないなぁって人《ひと》からは、「自分《じぶん》も同《おな》じようになっていない？」「気《き》をつけなきゃ」と自分《じぶん》を見《み》つめなおし、反省《はんせい》する機会《きかい》にすればいいんだ。それも学《まな》ぶってことだよ。

これからの人生《じんせい》で、きみはいままで以上《いじょう》にいろいろな人《ひと》と出会《であ》うことになる。どんな人《ひと》と出会《であ》ったにしても、その人《ひと》を先生《せんせい》にして、どんどん成長《せいちょう》していこう。

どんな人《ひと》が成長《せいちょう》できるの？

知《し》っているだけの人《ひと》は
好《す》きな人《ひと》にはかなわない。
好《す》きな人《ひと》も
たのしんでいる人《ひと》には
かなわない。

これを知《し》る者《もの》はこれを好《この》む者《もの》に如《し》かず。
これを好《この》む者《もの》はこれを楽《たの》しむ者《もの》に如《し》かず。

成長《せいちょう》のひけつは“たのしむ”ってこと！

プロのスポーツ選手《せんしゅ》って、ふつうの人《ひと》には絶対《ぜったい》できないような見事《みごと》なプレーができるよね。どうしたらあんなところまで上達《じょうたつ》できるんだろう。このことばは、そのヒントを教《おし》えてくれるよ。

　スポーツでもなんでも、深《ふか》い知識《ちしき》がある人《ひと》はすごい。けれども、もっとすごいのは、それが好《す》きで実際《じっさい》に取《と》り組《く》んでいる人《ひと》だよ。さらにすごいのは、どんな状況《じょうきょう》でもそれをたのしんでいる人《ひと》なんだ。孔子《こうし》せんせいは、そういっているよ。好《す》きな気《き》もちだけでは、困難《こんなん》に直面《ちょくめん》したときにやる気《き》をなくしてしまうかもしれない。でもたのしんでいる人《ひと》は、むずかしいゲームに挑戦《ちょうせん》するように、困難《こんなん》さえもたのしんで乗《の》りこえることができるんだ。

　一生懸命《いっしょうけんめい》にものごとに取《と》り組《く》めば、困難《こんなん》や問題《もんだい》にぶつかるのはさけられないものだよ。でも、そんなとき、それをたのしんでみようと思《おも》えれば、もっと自分《じぶん》を成長《せいちょう》させることができるんだ。

できるかどうか心配《しんぱい》…

やる前《まえ》から
「自分《じぶん》には無理《むり》」って
決《き》めたら、
もったいない。
できることも
できないよ。

今《いま》女《なんじ》は画《かぎ》れり。

どっちが勝《か》つか
やってみなきゃ
わからないぞ
なんだか
迫力《はくりょく》で
負《ま》けそう

自分《じぶん》で自分《じぶん》の限界《げんかい》を決《き》めない！

「女《なんじ》は画《かぎ》れり」とは、「あなたは自分《じぶん》で自分《じぶん》の限界《げんかい》を決《き》め、あきらめてしまった」という意味《いみ》。これは、やる前《まえ》から「わたしには無理《むり》です」といった弟子《でし》の冉求《ぜんきゅう》に対《たい》して、孔子《こうし》せんせいがいったきびしいことばだよ。なぜ、こんなことばをなげかけたのかな？

じつは冉求《ぜんきゅう》は、政治家《せいじか》や軍隊《ぐんたい》の司令官《しれいかん》としてすぐれた能力《のうりょく》をもっていた人《ひと》。だけど消極的《しょうきょくてき》な性格《せいかく》だったんだよ。弟子《でし》思《おも》いの孔子《こうし》せんせいは、そんな冉求《ぜんきゅう》に対《たい》して、「最初《さいしょ》からあきらめるな！　きみには能力《のうりょく》があるのに、もったいないよ」といいたかったんだ。

自分《じぶん》の可能性《かのうせい》がどこまであるかは、自分《じぶん》ではわからないもの。だから自分《じぶん》で限界《げんかい》を決《き》めたり、なにかを苦手《にがて》に思《おも》ったりしないほうがいいんだ。もしリーダーに推薦《すいせん》されたり、だいじな役目《やくめ》を任《まか》されたりしたら、しり込《ご》みしないで引《ひ》き受《う》けてみよう。思《おも》いがけない自分《じぶん》の能力《のうりょく》を発見《はっけん》するかもしれないよ。

もっと知《し》りたい!!

『論語《ろんご》』と日本人《にほんじん》

論語《ろんご》は日本《にほん》の文化《ぶんか》の一部《いちぶ》ともいえるんだ

『論語《ろんご》』は、むかしから日本人《にほんじん》に親《した》しまれてきたよ。たとえば、平安時代《へいあんじだい》に清少納言《せいしょうなごん》が書《か》いた『枕草子《まくらのそうし》』には、『論語《ろんご》』のことばをうまく使《つか》って、人《ひと》を笑《わら》わせる場面《ばめん》がでてくるよ。江戸時代《えどじだい》には、とくに武士《ぶし》のあいだで『論語《ろんご》』がだいじにされていたんだ。また町人《ちょうにん》や農民《のうみん》のこどもたちも、寺子屋《てらこや》で声《こえ》に出《だ》して『論語《ろんご》』を読《よ》んでいたよ。

「自分《じぶん》がされていやなことは、人《ひと》にしてはいけない」ということばをよく聞《き》くよね。じつはこれも、もともとは『論語《ろんご》』にある「己《おの》れの欲《ほっ》せざる所《ところ》、人《ひと》に施《ほどこ》すこと勿《な》かれ」ということばにちなんでいるんだ。『論語《ろんご》』は、わたしたちのふだんの考《かんが》え方《かた》にも、自然《しぜん》に受《う》けつがれているんだね。

されていやなことは
人《ひと》にしては
いけません
これ
わたしのことば

『論語《ろんご》』は日本《にほん》の近代化《きんだいか》にも役立《やくだ》った？

明治《めいじ》時代《じだい》から大正《たいしょう》時代《じだい》にかけて活躍《かつやく》した渋沢栄一《しぶさわえいいち》は、金融《きんゆう》、製紙《せいし》、海運《かいうん》、保険《ほけん》、ガス、鉄道《てつどう》など多《おお》くの分野《ぶんや》にわたって、数《かぞ》えきれないほどの企業《きぎょう》の設立《せつりつ》に関《かか》わった実業家《じつぎょうか》だよ。日本《にほん》の近代産業《きんだいさんぎょう》の育成《いくせい》に大《おお》きな功績《こうせき》を残《のこ》したんだ。

そんな渋沢《しぶさわ》が、自分《じぶん》の考《かんが》えをまとめた本《ほん》が、1916（大正《たいしょう》5）年《ねん》に出版《しゅっぱん》された『論語《ろんご》と算盤《そろばん》』。題名《だいめい》の〈論語《ろんご》〉は、他人《たにん》を思《おも》いやる生《い》き方《かた》や社会《しゃかい》のルールのことで、〈算盤《そろばん》〉は企業《きぎょう》の利益《りえき》のこと。つまり企業《きぎょう》の経営《けいえい》というのは、社会《しゃかい》のルールを守《まも》ることと利益《りえき》を出《だ》すことの両方《りょうほう》のバランスがだいじだといっているんだ。渋沢《しぶさわ》は『論語《ろんご》』を自分《じぶん》の人生《じんせい》や経営《けいえい》の教科書《きょうかしょ》として、とてもたいせつにしていたんだね。

いきづまってしまった！

困《こま》ったときには
「どうしようか」
「どうしようか」
と一生懸命《いっしょうけんめい》になろう。
その気《き》もちが
つぎのステップに
つながるよ。

如之何《いかん》、如之何《いかん》と曰《い》わざる者《もの》は、
吾《わ》れ如之何《いかん》ともすること未《な》きのみ。

自分《じぶん》で解決《かいけつ》しようとする気《き》もちがたいせつ！

困《こま》ったことやわからないことがあるとき、きみはどうしているかな。もしいつも、「だれかに聞《き》いて解決《かいけつ》すればいいや」と思《おも》っているなら、孔子《こうし》せんせいのアドバイスをおぼえておいてほしい。

孔子《こうし》せんせいは、「どうしようか」「どうしようか」と、自分《じぶん》でなんとかしようとする気《き》もちがたいせつだといっているよ。すぐにほかの人《ひと》に解決方法《かいけつほうほう》を聞《き》くのは、算数《さんすう》の問題《もんだい》を解《と》く努力《どりょく》をしないで、先《さき》に解答《かいとう》を見《み》るのと同《おな》じこと。楽《らく》だけど、自分《じぶん》の力《ちから》にはならないよ。だからまず自分《じぶん》で考《かんが》えて、できることをやってみよう。「どうしようか」という気《き》もちをうまくエネルギーにすれば、きみには大《おお》きく成長《せいちょう》できる可能性《かのうせい》が生《う》まれるんだ。

困《こま》ったことがあっても、すぐ人《ひと》に聞《き》いたり、あきらめたりしないで、成長《せいちょう》するチャンスだと考《かんが》えよう。自分《じぶん》で解決方法《かいけつほうほう》を探《さが》しながら、困《こま》ったことをなんとかしようとした経験《けいけん》が、必《かなら》ずきみの力《ちから》になるんだ。

努力《どりょく》を認《みと》めてほしい！

他人《たにん》に認《みと》めてもらえなくても、やるべきことをしっかりやる。それが立派《りっぱ》な人《ひと》。

人《ひと》知《し》らずして慍《うら》みず、亦《ま》た君子《くんし》ならずや。

人《ひと》の評価《ひょうか》ばかり気《き》にしない！

「君子《くんし》」とは、みんなのお手本《てほん》になる立派《りっぱ》な人《ひと》のこと。孔子《こうし》せんせいは弟子《でし》たちに、君子《くんし》を目指《めざ》して努力《どりょく》することをすすめていたよ。いったい、どんな人《ひと》が君子《くんし》と呼《よ》ばれるのにふさわしいと考《かんが》えていたんだろう。

孔子《こうし》せんせいは、人《ひと》に認《みと》められなくても、しっかり努《ど》力《りょく》を続《つづ》けられる人《ひと》は君子《くんし》だといっている。一生懸命《いっしょうけんめい》に努《ど》力《りょく》していても、ほかの人《ひと》から認《みと》められないなんて、なんだか悲《かな》しい気《き》もちになってしまうよね。やる気《き》だって出《で》ないんじゃないかな。でもたいせつなのは、人《ひと》がどう思《おも》うかではなく、自分《じぶん》はどうするかだよ。だって、がんばるのは他人《たにん》ではなく、きみ自身《じしん》のためだからね。

孔子《こうし》せんせいは、それをわかっている人《ひと》こそ、君子《くんし》だと考《かんが》えたんだ。人《ひと》に認《みと》めてもらえないと、すぐにやる気《き》をなくすようではいけないよ。まわりから認《みと》められるかどうか気《き》にしないで、自分《じぶん》がやるべきことだからやる。そんな姿勢《しせい》で、ものごとに取《と》り組《く》み続《つづ》けてみよう。

学《まな》ぶことが苦《くる》しいとき

学《まな》ぶとは
わくわくしながら
生《い》きること。
学《まな》んでいる自分《じぶん》なら、
友《とも》だちとも成長《せいちょう》し合《あ》える。

学《まな》びて時《とき》にこれを習《なら》う、亦《ま》た説《よろこ》ばしからずや。
朋《とも》あり、遠方《えんぽう》より来《き》たる、亦《ま》た楽《たの》しからずや。

前向《まえむ》きになれるから学《まな》びはたのしい！

このことばは、『論語《ろんご》』の最初《さいしょ》に出《で》てくる、とても有名《ゆうめい》なことばだよ。孔子《こうし》せんせいは、学《まな》ぶことは「わくわくする」といっているんだ。学《まな》ぶことは、むずかしくて苦《くる》しいような気《き》がするけど、なぜだろう？

学《まな》んだことを、ちょうどよいタイミングで復習《ふくしゅう》する。そして、できるようになったことと、できないことを確《たし》かめて、できないことをできるようにする。単純《たんじゅん》だけれど、これを積《つ》み重《かさ》ねていけば成長《せいちょう》できるよね。成長《せいちょう》を実《じっ》感《かん》できると、学《まな》ぶこともたのしくなってくるんだ。

学《まな》んだことを復習《ふくしゅう》する。これをしっかりやることで、きみは成長《せいちょう》し続《つづ》けることができるよ。がんばっていると、同《おな》じ目標《もくひょう》をもった友《とも》だちと出会《であ》い、お互《たが》いを高《たか》め合《あ》うチャンスだって生《う》まれるんだ。

だから、学《まな》べば学《まな》ぶほど、自分《じぶん》が前向《まえむ》きな気《き》もちになっていく。これって、一生続《いっしょうつづ》けられる、とてもたのしいことなんだ。

生《い》き方《かた》のヒントはどこにある？

むかしのことを
しっかり学《まな》び、
新《あたら》しい考《かんが》え方《かた》や
生《い》き方《かた》のヒントに
していこう。

故《ふる》きを温《あたた》めて新《あたら》しきを知《し》る、
以《もっ》て師《し》と為《な》るべし。

「古《ふる》いもの」「新《あたら》しいもの」どちらも知《し》ろう！

きみは、「温故知新《おんこちしん》」という四字熟語《よじじゅくご》を知《し》っているかな？ むかしの人《ひと》の考《かんが》え方《かた》や過去《かこ》の出来事《できごと》を学《まな》んで、そこから新《あたら》しい考《かんが》え方《かた》や生《い》き方《かた》を見《み》つけるって意味《いみ》だよ。もとは、孔子《こうし》せんせいのことばの一部《いちぶ》なんだ。

もしかしたらきみは、「むかしのものなんて役《やく》に立《た》つの？」なんて思《おも》うかもしれないね。でも、孔子《こうし》せんせいは、「むかしの人《ひと》の考《かんが》え方《かた》や過去《かこ》の出来事《できごと》には、これからきみが生《い》きていくうえで役立《やくだ》つ知識《ちしき》や知恵《ちえ》がつまっている」といっているよ。だから、それをしっかり学《まな》び、毎日《まいにち》のくらしに役立《やくだ》てるようにすすめているんだ。

むかしといま、古《ふる》いものと新《あたら》しいもの、よい部分《ぶぶん》はそれぞれにある。「新《あたら》しいものだけがいい！」なんて考《かんが》え方《かた》はしないで、その両方《りょうほう》の価値《かち》を知《し》ることが必要《ひつよう》だよ。

むかしの人《ひと》の人生《じんせい》が書《か》かれた伝記《でんき》も、その人《ひと》の生《い》き方《かた》からなにが学《まな》べるか、考《かんが》えながら読《よ》んでみよう。きっと自分《じぶん》の生《い》き方《かた》のヒントになることがあるはずだよ。

自分《じぶん》の人生《じんせい》を生《い》きるために…

いま自分《じぶん》が立《た》っている場所《ばしょ》。これから立《た》つ場所《ばしょ》。それぞれに学《まな》ぶべきことがあるんだよ。

吾《わ》れ十有五《じゅうゆうご》にして学《がく》に志《こころざ》す。三十《さんじゅう》にして立《た》つ。
四十《しじゅう》にして惑《まど》わず。五十《ごじゅう》にして天命《てんめい》を知《し》る。
六十《ろくじゅう》にして耳順《みみした》がう。
七十《しちじゅう》にして心《こころ》の欲《ほっ》する所《ところ》に従《したが》って、矩《のり》を踰《こ》えず。

そのときしか学《まな》べないことがある！

きみは、将来《しょうらい》の目標《もくひょう》をもう決《き》めているかな。もしきみがまだ将来《しょうらい》の目標《もくひょう》を決《き》めていないなら、このことばをおぼえておこう。孔子《こうし》せんせいは、自分《じぶん》の人生《じんせい》をふりかえり、「将来《しょうらい》の道《みち》を決《き》めたのは15歳《さい》のときだった」といっているよ。

15歳《さい》で、学問《がくもん》で身《み》を立《た》てようと決心《けっしん》した孔子《こうし》せんせいは、努力《どりょく》して学《まな》び、30歳《さい》で自立《じりつ》できるようになった。そして、40歳《さい》であれこれ迷《まよ》わないようになり、50歳《さい》になって自分《じぶん》のやるべきことを自覚《じかく》した。60歳《さい》になって人《ひと》のいうことが素直《すなお》に聞《き》けるようになり、70歳《さい》で、思《おも》い通《どお》りに行動《こうどう》しても人《ひと》に迷惑《めいわく》をかけないようになった。そんなふうにいっているんだ。

孔子《こうし》せんせいが伝《つた》えたかったのは、人《ひと》には年齢《ねんれい》ごとに学《まな》ばなくてはならない課題《かだい》があるということ。いましか学《まな》べないことが、きみにもあるんだ。さあ、自分《じぶん》なりでいいから、人生《じんせい》の課題《かだい》に取《と》り組《く》んでいこう！

もっと教《おし》えて!! 孔子《こうし》せんせい

孔子《こうし》せんせいが『論語《ろんご》』で教《おし》えてくれるのは、人《ひと》の生《い》き方《かた》や社会《しゃかい》のルール。生《い》きるならこんな人《ひと》を目指《めざ》したい！という理想《りそう》の姿《すがた》がたくさん出《で》てくるよ。どんな人《ひと》を目指《めざ》したらよいか、孔子《こうし》せんせいからもっとヒントを教《おし》えてもらおう！

自分《じぶん》を知《し》ってほしい！

自分《じぶん》のことを知《し》ってもらうよりも相手《あいて》のことを正《ただ》しく知《し》ることがだいじだよ。

人《ひと》の己《おの》れを知《し》らざることを患《うれ》えず、人《ひと》を知《し》らざることを患《うれ》う。

1人《ひとり》ぼっちは不安《ふあん》…

思《おも》いやりのこころがあれば、必《かなら》ず仲間《なかま》があらわれるよ。

徳《とく》は孤《こ》ならず。必《かなら》ず鄰《となり》あり。

相手《あいて》の欠点《けってん》が気《き》になる…

相手《あいて》の長所《ちょうしょ》はちゃんとほめよう。欠点《けってん》はそっと教《おし》えてあげよう。

君子《くんし》は人《ひと》の美《び》を成《な》す。人《ひと》の悪《あく》を成《な》さず。

立派《りっぱ》な人《ひと》って、どんな人《ひと》？

飾《かざ》り気《け》がなくても
こころがしっかりしていて
粘《ねば》り強《づよ》くやりとげる。
そんな人《ひと》こそ、
立派《りっぱ》な人《ひと》なんだ。

剛毅木訥《ごうきぼくとつ》、仁《じん》に近《ちか》し。

失敗《しっぱい》したときには？

まちがいを
直《なお》そうとしないこと。
それがほんとうの
まちがいだよ。

過《あやま》ちて改《あらた》めざる、是《これ》を過《あやま》ちと謂《い》う。

自分《じぶん》に自信《じしん》がない…

こころに決《き》めた
強《つよ》い気《き》もちは
だいじな宝物《たからもの》。
だれにもうばうこと
なんてできないよ。

匹夫《ひっぷ》も志《こころざ》しを奪《うば》うべからざるなり。

＊この本《ほん》で紹介《しょうかい》している文章《ぶんしょう》は、『論語《ろんご》』（金谷治《かなやおさむ》訳注《やくちゅう》、岩波《いわなみ》文庫《ぶんこ》）を参照《さんしょう》しました。

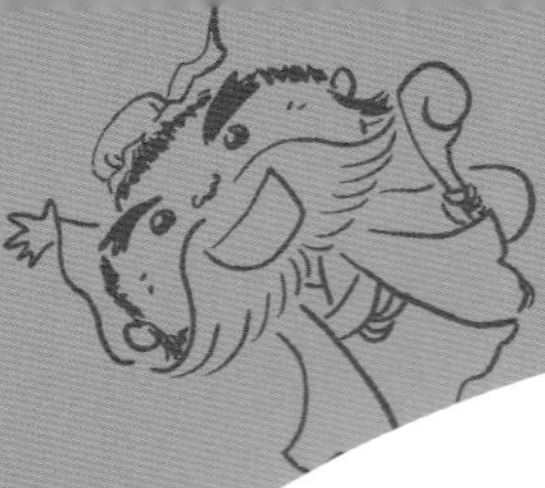
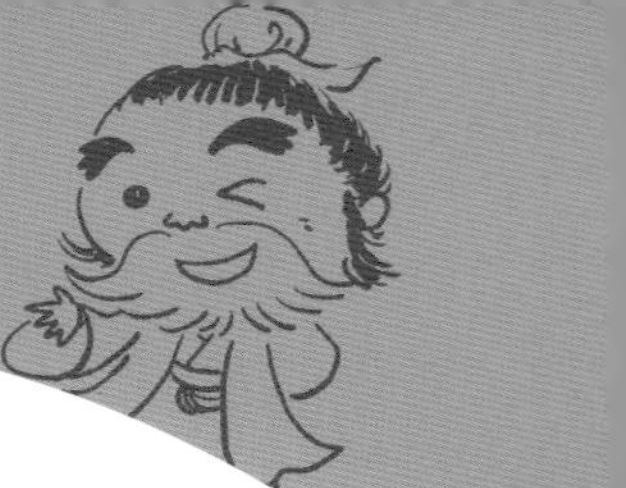
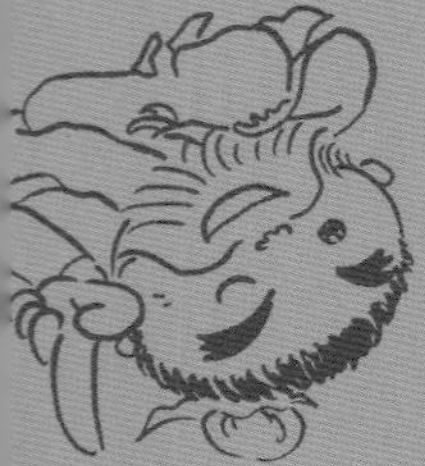

第《だい》2部《ぶ》

老《ろう》子《し》

老《ろう》子《し》

しなやかに生《い》きてみよう！

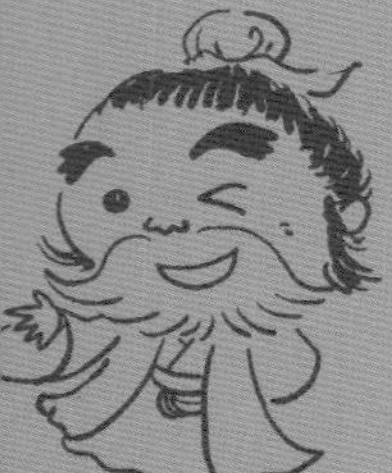
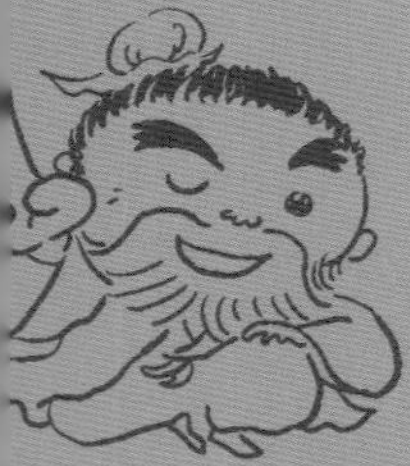

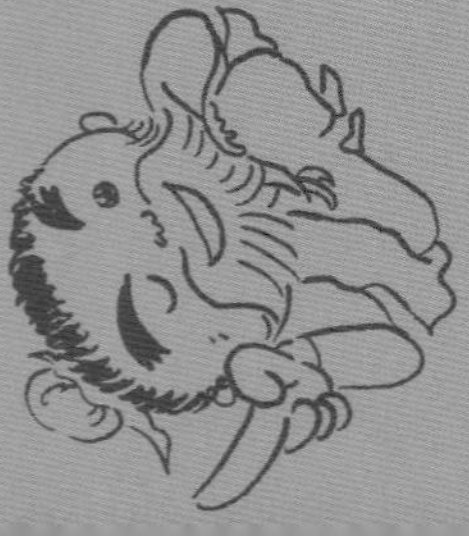
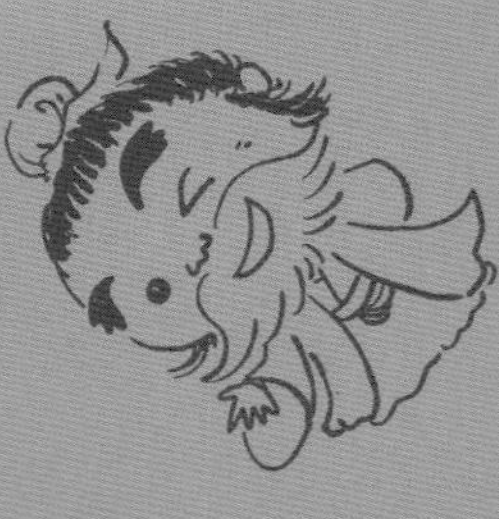

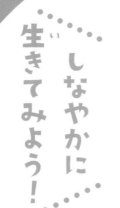

戦国時代《せんごくじだい》の中国《ちゅうごく》、
国《くに》どうしの争《あらそ》いが絶《た》えなかった時代《じだい》に
老子《ろうし》は『老子《ろうし》』で、無駄《むだ》に争《あらそ》うことのない
しなやかな生《い》き方《かた》について語《かた》ったよ。
そのことばは現代《げんだい》でも、悩《なや》みや落《お》ち込《こ》みを
解決《かいけつ》しようとする人々《ひとびと》のヒントになるんだ。
きみも老子《ろうし》せんせいから、しなやかで
自由《じゆう》な生《い》き方《かた》を教《おし》えてもらおう！

『老子《ろうし》』ってどんな本《ほん》？

ものの見方《みかた》を変《か》えてみよう、と提案《ていあん》しているよ

『老子《ろうし》』という本《ほん》は、2400年《ねん》ぐらい前《まえ》の中国《ちゅうごく》でまとめられたと考《かんが》えられているよ。作《さく》者《しゃ》は老子《ろうし》という人物《じんぶつ》とされていて、作者《さくしゃ》の名前《なまえ》がそのまま本《ほん》の名前《なまえ》になっている。でも、この老子《ろうし》については謎《なぞ》も多《おお》くて、はっきりしたことはわかっていないんだ。

『老子《ろうし》』には、全部《ぜんぶ》で81章《しょう》の文章《ぶんしょう》がまとめられているよ。すべて合《あ》わせても5000字《じ》ぐらいの短《みじか》い本《ほん》だけど、ふつうとはちがった発想《はっそう》で書《か》かれている文章《ぶんしょう》が多《おお》いから、よく考《かんが》えないと意味《いみ》がわからないこともあるんだ。

短《みじか》い、なぞなぞのような文章《ぶんしょう》を通《とお》して、老《ろう》子《し》は、世《よ》の中《なか》の常識《じょうしき》とはちがったものの見方《みかた》をすることをすすめているよ。

自由《じゆう》でしなやかな生《い》き方《かた》を教《おし》えてくれる本《ほん》なんだ

『老子《ろうし》』は『論語《ろんご》』とともに、生《い》き方《かた》を教《おし》えてくれる本《ほん》として、中国《ちゅうごく》や日本《にほん》で長《なが》いあいだ、多《おお》くの人《ひと》に読《よ》まれてきたよ。

『論語《ろんご》』の作者《さくしゃ》の孔子《こうし》が、社会《しゃかい》のなかでの人間《にんげん》の生《い》き方《かた》のルールを考《かんが》えたのに対《たい》して、老子《ろうし》は、人《ひと》がどう生《い》きたらよいか、山《やま》や川《かわ》のような自然《しぜん》の姿《すがた》から学《まな》ぼうとしているよ。とくに、流《なが》れる水《みず》のような自由《じゆう》で柔軟《じゅうなん》な姿《すがた》が、老子《ろうし》が考《かんが》えた理想《りそう》の生《い》き方《かた》なんだ。

老子《ろうし》は、人間《にんげん》は思《おも》いこみやこだわりを減《へ》らせば、もっと自由《じゆう》でしなやかな生《い》き方《かた》ができるといっているよ。「人間《にんげん》にはもっと楽《らく》に生《い》きてもらいたい。そうすれば世《よ》の中《なか》も平和《へいわ》になる」——それが老子《ろうし》の願《ねが》いだったんだ。

名著《めいちょ》ものがたり2

『老子《ろうし》』ってどんな人《ひと》？

老子《ろうし》は1人《ひとり》じゃない!? わからないことが多《おお》いよ

『老子《ろうし》』には、なぞなぞのような文章《ぶんしょう》がたくさんあるけど、作者《さくしゃ》の老子《ろうし》についても、わからないことが多《おお》いんだ。いつどこで生《う》まれて亡《な》くなったのかは、正確《せいかく》にわかっていないし、どんな人《ひと》だったのかについても、いろいろな説《せつ》があるよ。なかには『老子《ろうし》』という本《ほん》は、1人《ひとり》の人物《じんぶつ》によって書《か》かれたものではなくて、複数《ふくすう》の人物《じんぶつ》によって書《か》かれたものだという説《せつ》もあるんだ。

『老子《ろうし》』から400年《ねん》ぐらい後《あと》に書《か》かれた、『史記《しき》』という歴史《れきし》の本《ほん》では、作者《さくしゃ》について、何人《なんにん》かの候補《こうほ》を挙《あ》げているよ。つまり、そのころにはすでに、老子《ろうし》という人《ひと》がどんな人《ひと》だったのかわからなくなっていたんだね。

牛《うし》の背中《せなか》に乗《の》って、どこかへ去《さ》ってしまった？

『史記《しき》』で老子《ろうし》の候補《こうほ》として挙《あ》げられている人《ひと》のなかで、1番有力《ばんゆうりょく》なのが「老聃《ろうたん》」という人《ひと》。ほんとうの名字《みょうじ》は李《り》で、名前《なまえ》は耳《じ》というんだ。老聃《ろうたん》はあだ名《な》だったらしいよ。

『史記《しき》』によれば、老聃《ろうたん》は楚《そ》という国《くに》の出身《しゅっしん》で、周《しゅう》という国《くに》の王朝《おうちょう》に仕《つか》える役人《やくにん》。貴重《きちょう》な文書《ぶんしょ》を保管《ほかん》する図書館《としょかん》のようなところで働《はたら》いていたよ。でも周《しゅう》の力《ちから》が衰《おとろ》えると仕事《しごと》をやめ、牛《うし》の背《せ》中《なか》に乗《の》って、西《にし》の方角《ほうがく》へ旅立《たびだ》ったんだ。途中《とちゅう》で関《せき》所《しょ》の長官《ちょうかん》から「道《みち》」（人《ひと》や自然《しぜん》のあり方《かた》、理想《りそう》の生《い》き方《かた》）について語《かた》ってほしいと頼《たの》まれ、『老子《ろうし》』を書《か》き上《あ》げたよ。そして、老聃《ろうたん》はさらに西《にし》へと旅立《たびだ》ち、その後《あと》のことは、だれも知《し》らないんだ。

さて
どこに
行こうかな

『老子《ろうし》』が生《い》きた時代《じだい》

国《くに》どうしの争《あらそ》いに人々《ひとびと》が巻《ま》き込《こ》まれていったよ

『老子《ろうし》』は、中国《ちゅうごく》の春秋《しゅんじゅう》時代《じだい》から戦国《せんごく》時代《じだい》にかけての時期《じき》にまとめられたと考《かんが》えられているよ。春秋《しゅんじゅう》時代《じだい》の中国《ちゅうごく》では、小《ちい》さな国々《くにぐに》がそれぞれ農業《のうぎょう》や商業《しょうぎょう》を盛《さか》んにして、発展《はってん》を競《きそ》い合《あ》っていた。やがて鉄製《てっせい》の武器《ぶき》が使《つか》われるようになって、国《くに》どうしがはげしく戦《たたか》う戦国《せんごく》時代《じだい》になったんだ。

争《あらそ》わずに穏《おだ》やかにくらしていきたいと願《ねが》っていたふつうの人々《ひとびと》も、国《くに》どうしの争《あらそ》いに巻《ま》き込《こ》まれて苦《くる》しんでいる時代《じだい》だったんだね。

老子《ろうし》が生《い》きていたのは、そのころだと考《かんが》えられているよ。老子《ろうし》は、戦争《せんそう》が絶《た》えない時代《じだい》に、人々《ひとびと》にどうすれば平和《へいわ》を保《たも》ち、楽《らく》に生《い》きていけるかを伝《つた》えようとしたんだ。

政治《せいじ》の教科書《きょうかしょ》として活用《かつよう》されたんだ

政治《せいじ》や戦争《せんそう》が重視《じゅうし》された戦国時代《せんごくじだい》。国《くに》を治《おさ》める立場《たちば》の人々《ひとびと》のあいだでは、『老子《ろうし》』は政治《せいじ》や戦術《せんじゅつ》の教科書《きょうかしょ》としても読《よ》まれていたよ。たとえば『老子《ろうし》』には「戦《たたか》わないで勝《か》つ」のが最高《さいこう》の勝《か》ち方《かた》だという文章《ぶんしょう》がある。これは、同《おな》じ時代《じだい》に書《か》かれた戦術書《せんじゅつしょ》である『孫子《そんし》』にも共通《きょうつう》しているんだ。

秦《しん》という国《くに》によって中国《ちゅうごく》が統一《とういつ》されて戦国時代《せんごくじだい》が終《お》わると、つぎの漢《かん》の時代《じだい》がはじまったよ。漢《かん》の時代《じだい》のはじめには、『老子《ろうし》』は政治《せいじ》の基本《きほん》とされたこともあったんだ。

やがて社会《しゃかい》が安定《あんてい》してくると、『老子《ろうし》』は、おもに人《ひと》のこころのあり方《かた》を教《おし》えてくれる本《ほん》としてたいせつにされるようになっていったよ。

つぎのページからことばの紹介《しょうかい》がはじまるよ。

立派《りっぱ》な生《い》き方《かた》ってあるの？

「立派《りっぱ》」の基準《きじゅん》なんて
ほんとうは
どこにもないよ。
こだわりすぎないで
生《い》きよう。

道《みち》の道《みち》とす可《べ》きは、常《つね》の道《みち》に非《あら》ず。

決《き》めつけないで考《かんが》えよう！

「〈道《みち》〉と示《しめ》せるようなものは、ほんとうの〈道《みち》〉ではない」――これは、しなやかで自然《しぜん》な生《い》き方《かた》を説《と》いた『老子《ろうし》』の最初《さいしょ》のことば。むずかしそうだけど、いったいどんな意味《いみ》なんだろう。

「道《みち》」には、いろいろな意味《いみ》があるけれど、その1つは立派《りっぱ》な生《い》き方《かた》ということ。もしきみが、「成績《せいせき》がよいことだけが立派《りっぱ》だ」と思《おも》うなら、成績《せいせき》がよくない人《ひと》は立《りっ》派《ぱ》でない人《ひと》になってしまうよね。ほんとうにそうなのかな？　成績《せいせき》はよくないけど、運動《うんどう》がよくできたり、人《ひと》から頼《たよ》りにされていたりする場合《ばあい》もあるよね。それだってとてもすてきで、立派《りっぱ》なことなんだ。

老子《ろうし》せんせいがいいたかったのは、「これだけが立派《りっぱ》な生《い》き方《かた》だ、と決《き》めつけると、ほかの立派《りっぱ》さに気《き》づけなくなってしまう」ということだよ。

1つの見方《みかた》にこだわりすぎないようにしたほうが、ものごとのほんとうの姿《すがた》が見《み》えてくるんだね。

人《ひと》からほめられたい！

「ほめられたい」という気《き》もちが強《つよ》いと、「けなされるかも」という気《き》もちも強《つよ》くなるよ。

寵辱《ちょうじょく》に驚《おどろ》くが若《ごと》くし、大患《たいかん》を貴《たっと》ぶこと身《み》の若《ごと》くす。

「ほめられたい」にふりまわされない！

先生《せんせい》にほめられたり、友《とも》だちから「すごい」と拍手《はくしゅ》されたりしたら、とてもうれしいよね。「またほめられたい」という気《き》もちになることも、あるんじゃないかな。

でも、老子《ろうし》せんせいによれば、人《ひと》からほめられることには、こだわりすぎないほうがいいみたいだよ。「そのこだわりは、重《おも》い病気《びょうき》をだいじにしているのと同《おな》じ」といっているほどなんだ。

ほめられることにこだわっていると、こころのなかで、失敗《しっぱい》することがすごくこわくなったり、「けなされたらどうしよう」という不安《ふあん》が生《う》まれたりするよ。そうなると、自分《じぶん》を無理《むり》によく見《み》せようとして、自然《しぜん》な自分《じぶん》からどんどん遠《とお》ざかってしまうんだ。

ほめられたら、うれしい。けなされたら、がっかりする。その感情《かんじょう》は自然《しぜん》なもの。だから、そのまま受《う》け止《と》めて、こだわりすぎないようにしよう。自然体《しぜんたい》の自分《じぶん》のほうが、きみの力《ちから》を十分《じゅうぶん》に発揮《はっき》できるんだ。

耳《みみ》に痛《いた》いことばは聞《き》きたくない…

自分《じぶん》にとって
役立《やくだ》つことばは
だいたい
心地《ここち》よく感《かん》じない
ものだよ。

信言《しんげん》は美《び》ならず、
美言《びげん》は信《しん》ならず。

ステキです! 王様《おうさま》♡
もうすこし 大《おお》きなサイズが よろしいかと…

耳《みみ》に痛《いた》いことばこそ自分《じぶん》に必要《ひつよう》！

きみは、親《おや》から「ゲームばかりやらないで、勉強《べんきょう》しなさい」なんて、いわれたことはないかな？　思《おも》わず、「わかってるよ！」といい返《かえ》したくなったかもしれないね。でもそんなとき、このことばを思《おも》い出《だ》してほしい。老子《ろうし》せんせいは、「自分《じぶん》に役立《やくだ》つことばは心地《ここち》よく聞《き》こえないもの」といっているよ。そして、「心地《ここち》よいことばにかぎって、役《やく》には立《た》たない」ともいっているんだ。

「夢《ゆめ》は必《かなら》ずかなう」なんて聞《き》くと、気分《きぶん》がよくなるよね。でも、たとえば「英語《えいご》を話《はな》せるようになりたい！」という夢《ゆめ》があっても、単語《たんご》をおぼえて、会話《かいわ》の練習《れんしゅう》をしっかりしないと、けっして話《はな》せるようにはならない。こんなふうに、心地《ここち》よく聞《き》こえる話《はなし》にはだいじなことが抜《ぬ》けていて、役《やく》に立《た》たないことが多《おお》いんだ。

「心地《ここち》よいことば」と「自分《じぶん》にとってほんとうに必要《ひつよう》なことば」はまったくべつ。それをおぼえておけば、自分《じぶん》の耳《みみ》に痛《いた》いことでも、素直《すなお》に聞《き》けるようになるよ。

かしこさって、どんなこと？

ほかの人《ひと》のことが
わかるのは
すごいけれど、
自分《じぶん》のことが
わかるのは
もっとすごい。

人《ひと》を知《し》る者《もの》は智《ち》なり、
自《みずか》ら知《し》る者《もの》は明《めい》なり。

正直《しょうじき》にこたえてね
世界《せかい》で1番《ばん》
美《うつく》しいのは
だあれ？

自分《じぶん》を知《し》る人《ひと》がかしこい人《ひと》！

仲《なか》のよい友《とも》だちの性格《せいかく》や、好《す》きなもの嫌《きら》いなものを、きみはよくわかっているよね。だったら、自分《じぶん》のことはどれぐらいわかっているかな。

「自分《じぶん》のことなら自分《じぶん》が1番《ばん》よくわかっている」って、きみは思《おも》うかもしれない。でも、自分《じぶん》のことって意外《いがい》とわからないものなんだ。好《す》きなものだって、昨日《きのう》と今日《きょう》でちがうことがあるよ。自分《じぶん》はスポーツが好《す》きじゃないと思《おも》っていたけど、卓球《たっきゅう》をやってみたらたのしかった。そんな経験《けいけん》、きみにもあるんじゃないかな。

老子《ろうし》せんせいは、人《ひと》のことがわかるのはかしこい人《ひと》。そして、もっとかしこいのは、自分《じぶん》のことがわかる人《ひと》だといっているよ。

自分《じぶん》はこんな人《ひと》だ、なんて決《き》めつけないで、出会《であ》った出来事《できごと》に素直《すなお》に向《む》き合《あ》っていこう！　そうすれば、いままで気《き》づかなかったほんとうの自分《じぶん》が見《み》えてくるよ。それが、ほんとうにかしこい人《ひと》になる生《い》き方《かた》なんだ。

成長《せいちょう》のひけつってなに？

小《ちい》さな気《き》づきと柔軟《じゅうなん》な姿勢《しせい》がすぐれた人《ひと》をつくるよ。

小《しょう》を見《み》るを明《めい》と曰《い》い、柔《じゅう》を守《まも》るを強《きょう》と曰《い》う。

小《ちい》さなことをだいじにしよう！

きみの友《とも》だちのなかに、小《ちい》さなものごとによく気《き》づける人《ひと》はいないかな。たとえば、朝《あさ》、きみがふだんとちがう側《がわ》の手《て》でかばんをもっていた。それを見《み》て、きみがケガをしていることに気《き》づいて、「どうしたの?」と声《こえ》をかけてくれる。こんな人《ひと》は、自然《しぜん》とグループのなかで、なくてはならない人《ひと》になるよね。

老子《ろうし》せんせいは、小《ちい》さなことによく気《き》づける人《ひと》は、ものごとの本質《ほんしつ》をつかめる人《ひと》だといっているよ。そのためには、自分《じぶん》の思《おも》い込《こ》みを捨《す》てて、ものごとと向《む》き合《あ》うことがだいじなんだ。でも、それだけでは十分《じゅうぶん》じゃない。「なにか気《き》づいたことがあったら、柔軟《じゅうなん》な姿勢《しせい》で動《うご》きなさい」ともいっているんだ。

ちょっとした変化《へんか》で、友《とも》だちのケガに気《き》づけたなら、声《こえ》をかけたり、代《か》わりにかばんをもってあげたりしよう！　真実《しんじつ》を見《み》つける力《ちから》、そして柔軟《じゅうなん》に動《うご》ける力《ちから》、その両方《りょうほう》をしっかり身《み》につけていこう！

もっと知《し》りたい!!

思《おも》いがけない『老子《ろうし》』の話《はなし》

古代《こだい》のお墓《はか》から実際《じっさい》に出《で》てきた！

1973年《ねん》、中国《ちゅうごく》で、漢《かん》の時代《じだい》(2200年《ねん》ぐらい前《まえ》)の墓《はか》から絹《きぬ》の布《ぬの》に書《か》かれた『老子《ろうし》』が発見《はっけん》されたよ。さらに1993年《ねん》、戦国時代《せんごくじだい》(2300年《ねん》ぐらい前《まえ》)の墓《はか》から、竹簡《ちくかん》に書《か》かれた『老子《ろうし》』の一部《いちぶ》が見《み》つかったんだ。竹簡《ちくかん》とは、紙《かみ》がまだあまり使《つか》われていない時代《じだい》に、薄《うす》く削《そ》いだ竹《たけ》に墨《すみ》で文字《もじ》を書《か》いたもの。それを紐《ひも》で綴《つづ》り合《あ》わせて本《ほん》のようにしていたんだ。

それまでは、1300年《ねん》ぐらい前《まえ》の石碑《せきひ》の文章《ぶんしょう》が1番古《ばんふる》い『老子《ろうし》』だったよ。だから、『老子《ろうし》』が戦国時代《せんごくじだい》の文章《ぶんしょう》であることを、うたがう人《ひと》もいた。でもずっと古《ふる》い時代《じだい》のものが発見《はっけん》されて、戦国時代《せんごくじだい》には実際《じっさい》にあったことがはっきりしたんだ。

目立《めだ》ちたくないのにおがまれる？

老子《ろうし》の考《かんが》え方《かた》を受《う》けつぎ、広《ひろ》めようとした人々《ひとびと》は道家《どうか》と呼《よ》ばれたよ。農業《のうぎょう》をだいじにする道家《どうか》の考《かんが》え方《かた》は、漢《かん》の時代《じだい》のはじめごろには、政治《せいじ》に取《と》り入《い》れられたこともあったんだ。でも、そのうちに、孔子《こうし》の教《おし》えを受《う》けつぐ儒家《じゅか》が重《おも》んじられるようになり、『論語《ろんご》』が政治《せいじ》や道徳《どうとく》の基本《きほん》になっていったんだ。

いっぽうで『老子《ろうし》』は、中国《ちゅうごく》に古《ふる》くからある信仰《しんこう》をもとにした道教《どうきょう》という宗教《しゅうきょう》に取《と》り入《い》れられたよ。老子《ろうし》も、道教《どうきょう》をはじめた人《ひと》とされ、神様《かみさま》の1人《ひとり》とされたんだ。老子《ろうし》は、「ほんとうにすぐれた人《ひと》は目立《めだ》たないようにしている」といっていたのに、神様《かみさま》として祀《まつ》られたり、おがまれたりするようになってしまったんだ。

いつも無理《むり》をしちゃう…

つま先立《さきだ》ちでは、
長《なが》く立《た》っていられない。
大股《おおまた》で歩《ある》いても
すぐに疲《つか》れちゃう。
無理《むり》しすぎる
必要《ひつよう》なんてないよ。

企《つまだ》つ者《もの》は立《た》たず、
跨《また》ぐ者《もの》は行《い》かず。

よかったら もってあげるよ
でも 落《お》としてるよ…

続《つづ》けるコツは自然体《しぜんたい》！

いいところを見《み》せたくて、できそうもない目標《もくひょう》を宣言《せんげん》してしまう。正《ただ》しいと思《おも》わせたくて、えらそうにしゃべってしまう。こんなことはだれにでもあるよね。老子《ろうし》せんせいは、そんな人《ひと》を「つま先立《さきだ》ちをしている人《ひと》」「大股《おおまた》で歩《ある》いている人《ひと》」のようなものといっているよ。

自分《じぶん》を大《おお》きく見《み》せようと、がんばってつま先立《さきだ》ちをしても、大股《おおまた》で歩《ある》いても、そんなことは長《なが》く続《つづ》けることはできないよ。同《おな》じように、できそうもない大《おお》きな目標《もくひょう》を掲《かか》げても、達成《たっせい》できなければみんなをがっかりさせてしまうし、口《くち》ぶりが立派《りっぱ》でも結果《けっか》がともなわなければ、やがて信用《しんよう》されなくなってしまうよ。

自分《じぶん》を成長《せいちょう》させるために、あえて少《すこ》し高《たか》めの目標《もくひょう》を立《た》ててがんばるのはよいこと。でもそれは、自分《じぶん》をよく見《み》せようとすることとはちがうよ。自然《しぜん》な自分《じぶん》でいたほうが、ものごとを長《なが》く続《つづ》けられる。それにきっと、きみの力《ちから》もよく生《い》かせるよ。

自分《じぶん》の欠点《けってん》が気《き》になる…

自分《じぶん》の欠点《けってん》を
よくみてみよう。
長所《ちょうしょ》になるかも
しれないよ。

曲《ま》がれば則《すなわ》ち全《まった》く、
枉《かが》まれば則《すなわ》ち直《なお》く、
……

欠点《けってん》を長所《ちょうしょ》に変《か》えてみよう！

自然《しぜん》な自分《じぶん》がよいと老子《ろうし》せんせいはいうけれど、自分《じぶん》なんて欠点《けってん》だらけでよいと思《おも》えない……。もしかしたらきみは、そんなふうに考《かんが》えるかもしれないね。そんなきみには、このことばを知《し》っておいてほしい。

「曲《きょく》」は曲《ま》がっている、という意味《いみ》。曲《ま》がった樹木《じゅもく》は、材木《ざいもく》として利用《りよう》できないから、切《き》られずに生《い》き残《のこ》れる。「枉《おう》」は屈《かが》むこと。いま屈《かが》んでいれば、この後《あと》、伸《の》びることができる。老子《ろうし》せんせいがいいたいのは、マイナスのように思《おも》えることも、見方《みかた》を変《か》えれば、必《かなら》ずプラスにすることができる、ということなんだ。

人《ひと》の性格《せいかく》にあてはめても同《おな》じことがいえるよ。もしきみに、おもしろく話《はな》す才能《さいのう》がなくても、がっかりすることはないよ。それは、よく考《かんが》えて正確《せいかく》に話《はなし》をする才能《さいのう》があるということかもしれないからね。

欠点《けってん》と長所《ちょうしょ》はセット。だったら、欠点《けってん》を長所《ちょうしょ》として生《い》かせるようにすればいいんだ。

自分《じぶん》の能力《のうりょく》を自慢《じまん》したい！

能力《のうりょく》があっても
ひけらかさずに、
ふつうにしている。
そんな人《ひと》こそ、
ほんとうにすごい人《ひと》。

……其《そ》の光《ひかり》を和《やわ》らげ、
其《そ》の塵《ちり》に同《どう》ず。

実力《じつりょく》がある人《ひと》は目立《めだ》たない！

　自分《じぶん》はほかの人《ひと》より能力《のうりょく》がある、そう思《おも》うと、つい自《じ》慢《まん》したくなるよね。そんなとき、このことばを思《おも》い出《だ》してほしい。老子《ろうし》せんせいは、「ほんとうにすぐれた人《ひと》は能力《のうりょく》を見《み》せびらかさない」といっているよ。

　「光《ひかり》」というのは、すぐれた能力《のうりょく》。「塵《ちり》」というのは、世間《せけん》という意味《いみ》だよ。老子《ろうし》せんせいは、すぐれた能力《のうりょく》というのは、まぶしすぎて、まわりから敬遠《けいえん》されたり、嫌《きら》われたりしてしまうことがある。それだけじゃなく、いろいろなトラブルを呼《よ》んでしまうこともあるといっているよ。ほんとうにすぐれた人《ひと》は、そのことをちゃんと知《し》っているから、無駄《むだ》に目立《めだ》とうとしないんだ。

　自分《じぶん》の能力《のうりょく》をアピールしない人《ひと》は、すぐには、すぐれた人《ひと》だとわからないかもしれない。でも、そんな人《ひと》はそばにいると安心《あんしん》できるから、自然《しぜん》に人《ひと》が集《あつ》まってくるよ。それに、すぐれた能力《のうりょく》は無理《むり》にアピールしなくっても、ちゃんと伝《つた》わっていくはずだよ。

自分《じぶん》は完璧《かんぺき》だ！

すぐれた人《ひと》には「これで完成《かんせい》！」ということがないよ。

……大器《たいき》は晩成《ばんせい》し、……

未完成《みかんせい》だからこそ成長《せいちょう》できる！

きみは「大器晩成《たいきばんせい》」という四字熟語《よじじゅくご》を知《し》っているかな。「ほんとうに偉大《いだい》な人《ひと》は若《わか》いころは目立《めだ》たず、年《とし》をとってから才能《さいのう》をあらわす」というたとえだよ。これは、老子《ろうし》せんせいのことばの一部《いちぶ》なんだ。

「大《おお》きな器《うつわ》は完成《かんせい》するのに時間《じかん》がかかる」という意味《いみ》にとらえられることが多《おお》いけど、もともとは「ほんとうに大《おお》きな器《うつわ》は、完成《かんせい》することがない」ということだったみたいなんだ。いったい、なにがいいたかったんだろう？

いくら大《おお》きな器《うつわ》でも、完成《かんせい》してしまうとそれ以上《いじょう》は変《か》わらない。でも、もし完成《かんせい》しなかったら、変化《へんか》し続《つづ》けることができるよね。つまり、「成長《せいちょう》や変化《へんか》を続《つづ》けるものには、完成《かんせい》はない」ということなんだ。

人間《にんげん》は、「自分《じぶん》は完成《かんせい》した」と思《おも》うと、自分《じぶん》とはちがう人《ひと》の考《かんが》え方《かた》を受《う》け入《い》れられなくなってしまうことがある。「これで完成《かんせい》！」なんて思《おも》わない人《ひと》こそ、変化《へんか》し続《つづ》けていくことができ、ほんとうに成長《せいちょう》できるんだ。

しなやかな生《い》き方《かた》とは?

水《みず》は自由自在《じゆうじざい》に
姿《すがた》を変《か》えながら、
争《あらそ》いもせず
まわりを幸《しあわ》せにする。
生《い》き方《かた》のお手本《てほん》だよ。

上善《じょうぜん》は水《みず》の若《ごと》し。

いばるのを
やめたら
たのしく
なったよ

生《い》き方《かた》は水《みず》に学《まな》ぼう！

あらゆるもののなかで最高《さいこう》によいものは、水《みず》のような性質《せいしつ》をもっている。そう考《かんが》えていた老子《ろうし》せんせいは、「人《ひと》は生《い》き方《かた》を水《みず》に学《まな》ぶべきだ」といっているよ。

水《みず》は自由自在《じゆうじざい》に姿《すがた》を変《か》える。ときには氷《こおり》や雲《くも》にもなる。雨《あめ》になって地上《ちじょう》に降《ふ》ると、人間《にんげん》はもちろん、植物《しょくぶつ》や動物《どうぶつ》の役《やく》にも立《た》つよね。そして水《みず》と水《みず》が出会《であ》っても、争《あらそ》わず一体《いったい》になることができるんだ。

きみも、生《う》まれたばかりの赤《あか》ちゃんから、小学生《しょうがくせい》、中学生《ちゅうがくせい》、おとなへとさまざまに変化《へんか》するよね。だったら、水《みず》のように、姿《すがた》を変《か》えても自分《じぶん》を失《うしな》わない、自由《じゆう》でしなやかな生《い》き方《かた》をしてほしい。これが、老子《ろうし》せんせいが願《ねが》っていたことだよ。

「自分《じぶん》はこんな人《ひと》だ」とこだわりすぎたり、他人《たにん》とくらべて、必要以上《ひつよういじょう》に悩《なや》んだりしなくていいんだよ。自由《じゆう》でしなやかな生《い》き方《かた》、それはきみが、もっとも自分《じぶん》を生《い》かすことができる道《みち》なんだ。

もっと教《おし》えて!! 老子《ろうし》せんせい

老子《ろうし》せんせいは『老子《ろうし》』で、しなやかな生《い》き方《かた》について語《かた》っているよ。そこには、ふだんの生活《せいかつ》のなかで悩《なや》んだときにヒントになることばもたくさんあるんだ。老子《ろうし》せんせいから、しなやかに生《い》きる方法《ほうほう》をもっと教《おし》えてもらおう！

自分《じぶん》はついてない…

いまの不幸《ふこう》には未来《みらい》の幸《しあわ》せがかくれているもの。幸《しあわ》せか不幸《ふこう》かすぐに決《き》めつけちゃいけないよ。

禍《か》や福《ふく》の倚《よ》る所《ところ》、
福《ふく》や禍《か》の伏《ふく》する所《ところ》。
孰《たれ》か其《そ》の極《きわみ》を知《し》らん。

説明《せつめい》しないと不安《ふあん》…

おしゃべりに力《ちから》を使《つか》いすぎると、行動《こうどう》できなくなるよ。

多言《たげん》は数《しば》しば窮《きゅう》す、
中《ちゅう》を守《まも》るに如《し》かず。

大《おお》きなことをやるには？

小《ちい》さなことを積《つ》み重《かさ》ねていく。それだけが大《おお》きなことを成《な》しとげる方法《ほうほう》。

合抱《ごうほう》の木《き》も毫末《ごうまつ》より生《しょう》じ、
九層《きゅうそう》の台《うてな》も累土《るいど》より起《お》こり、
千里《せんり》の行《こう》も足下《そっか》より始《はじ》まる。

ものごとに成功《せいこう》したら？

よい結果《けっか》を残《のこ》したときこそ
さっさと忘《わす》れて、
新《あたら》しいチャレンジを
意識《いしき》しよう。

功遂《こうと》げて身退《みしりぞ》くは、天《てん》の道《みち》なり。

かしこい戦《たたか》い方《かた》って？

勝負《しょうぶ》のときは
相手《あいて》とまともに
ぶつからずに勝《か》つ。
それがかしこい勝《か》ち方《かた》。

善《よ》く敵《てき》に勝《か》つ者《もの》は与《とも》にせず。

リーダーになったら？

すぐれたリーダーこそ
相手《あいて》にえらそうな
態度《たいど》をとらないもの。
まわりの人《ひと》をだいじにして
人《ひと》の力《ちから》を引《ひ》き出《だ》すよ。

善《よ》く人《ひと》を用《もち》いる者《もの》は之《これ》が下《しも》と為《な》る。

＊この本《ほん》で紹介《しょうかい》している文章《ぶんしょう》は、『老子《ろうし》』（蜂屋邦夫《はちやくにお》訳注《やくちゅう》、岩波文庫《いわなみぶんこ》）を参照《さんしょう》しました。

● イラスト　朝倉世界一／ふわこういちろう
● 企画・編集　株式会社日本図書センター
● 制作　株式会社アズワン
● 参考文献　『論語』(金谷治訳注、岩波文庫)／『NHK「100分de名著」ブックス　孔子　論語』(佐久協、NHK出版)／『老子』(蜂屋邦夫訳注、岩波文庫)／『NHK 100分de名著 2013年5月』(蜂屋邦夫、NHK出版)

NDC159
あの古典のことばがよくわかる！
超訳！　こども名著塾
① 論語
　老子
日本図書センター
2018年　72P　22.2 × 18.2cm

あの古典《こてん》のことばがよくわかる！
超訳《ちょうやく》！　こども名著塾《めいちょじゅく》
①論語《ろんご》－学《まな》ぶってたのしいよ！
　老子《ろうし》－しなやかに生《い》きてみよう！

2018年 9 月25日　初版第 1 刷発行

編　集　「超訳！ こども名著塾」編集委員会
発行者　高野総太
発行所　株式会社 日本図書センター
〒112-0012　東京都文京区大塚3-8-2
電話　営業部 03-3947-9387
　　　出版部 03-3945-6448
http://www.nihontosho.co.jp
印刷・製本　図書印刷 株式会社

2018　Printed in Japan

ISBN978-4-284-20416-3（第 1 巻）

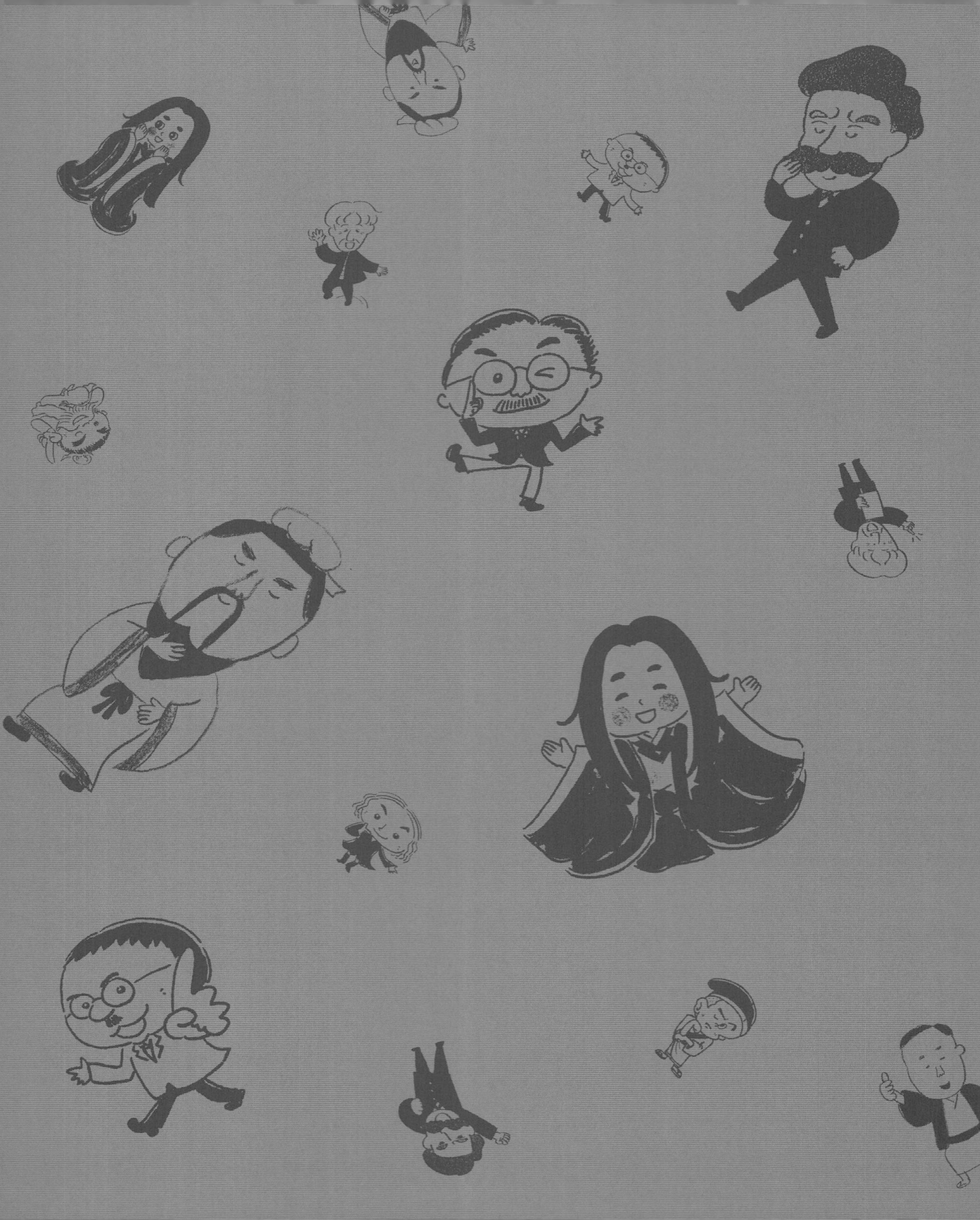